Marion Hellweg

SO WOHNEN WIR!

Kreative Einrichtungsideen für Familien

Deutsche Verlags-Anstalt

Vorwort

Als ich ein Kind war, kaufte ich mir von meinem ersten Taschengeld keine Süßigkeiten, sondern schöne Deko-Sachen für mein Kinderzimmer. Mir war es schon immer superwichtig, wie mein wohnliches Umfeld aussieht. Die Möbel in meinem Zimmer stellte ich fast wöchentlich um, von der wechselnden Wandgestaltung (darunter unzählige selbst gemalte Bilder) ganz zu schweigen. Es hat wahrscheinlich auf mich abgefärbt, dass auch meine Eltern großen Wert darauf legten, unser Zuhause stilvoll und dabei dennoch gemütlich einzurichten. Und vor allem war alles immer tipptopp aufgeräumt! Meine Schwester und ich hatten eigene große Zimmer, in denen wir uns frei entfalten konnten. Die anderen Räume im Haus waren für Spielzeug-Orgien tabu und ausschließlich dem gemeinsamen Familienleben gewidmet. Heute bin ich selbst Mama und viel hat sich nicht für mich verändert: Florentine hat ihr eigenes kunterbuntes Reich, in das sie sich zurückziehen kann, wenn sie spielen und sich ausruhen möchte. Brettspiele und Puzzles darf sie gerne am großen Küchentisch aufbauen. Dafür sind Wohn- und Elternschlafzimmer spielfreie Zone. Du findest das spießig? I wo! Wir sind eben einfach keine Fans davon, außerhalb des Kinderzimmers über Spielsachen steigen zu müssen. Und wie du sehen kannst, sind wir megahappy mit unserem Familienleben UND unserem schönen Zuhause ...

München | 125 m^2

Unsere hyggelige Altbauwohnung ist immer picobello aufgeräumt. Und die Katzenhaare? Werden einfach alle paar Tage weggesaugt ...

INHALT

HOMETOURS

INSPIRATION

Einleitung

Mit Kindern unter einem Dach zu leben, ist im Grunde genommen keine Challenge, wenn alle Mitbewohner einige wichtige Wohn-Regeln beachten. An erster Stelle steht ganz klar das ausreichende Platzangebot, denn auf allzu beengtem Raum geht sich jeder früher oder später auf die Nerven. Und: Es sollten genügend Rückzugsbereiche vorhanden sein, genauso wie Treffpunkte, an denen alle gerne zusammen kommen. Natürlich ist auch wichtig, dass das Zuhause nicht im Chaos versinkt, sondern ein Ort ist und bleibt, an dem man den Überblick behält. Die Schmerzgrenze, wo Ordnung aufhört und Unordnung anfängt, gestaltet sich dabei bei jedem individuell. Und da wären wir auch schon beim wichtigsten und letzten Punkt. Egal, wie du dein Familien-Refugium inszenierst: Der Wohlfühl-Faktor sollte maximal sein! Mit bequemen und robusten Möbeln, Accessoires mit Style und natürlichen Materialien bist du hier auf der sicheren Seite. Wie »Lässig Wohnen mit Kindern« geht, zeigen dir die acht Familien hier im Buch – lass dich inspirieren!

WILLKOMMEN

bei **Familie Spijker**

Callantsoog

Hell und weitläufig

145 m²

Unser Haus steht direkt am Meer – an schönen Tagen packen wir nachmittags unsere Siebensachen samt Barbecue und gehen gemeinsam an den Nordseestrand ...

Als Innenarchitektin weiß Marinka genau, worauf es ankommt, wenn man mit Kindern unter einem Dach wohnt. »Man braucht ausreichend Platz – meiner Meinung nach ist das der wichtigste Punkt bei der Planung eines Familienrefugiums«, betont sie. »Auf beengtem Raum gehen sich alle nach kürzester Zeit auf die Nerven und das ist auf Dauer für kein Familienleben von Vorteil.« Da kommen ihr der offene Grundriss und die weitläufigen Wohnbereiche in ihrem eigenen Haus auf den Dünen sehr entgegen. Das Areal im Erdgeschoss ist Treffpunkt für alle – hier wird gemeinsam gegessen, gespielt und entspannt. »Am meisten liebe ich aber die hellen, freundlichen Kinderzimmer im obersten Stockwerk«, schwärmt Marinka. »Da weht auch optisch eine leichte Meeresbrise hindurch. Außerdem stehe ich auf die kuscheligen Schlafkojen, die mich an das maritime Umfeld erinnern.« Die Familie zog vor acht Jahren in das gemütliche Einfamilienhaus, das direkt am Nordseestrand steht. »Pieter ist in dieser traumhaft schönen Gegend aufgewachsen und mir gefällt der Gedanke sehr, dass hier auch unsere Kinder groß werden«, gesteht Marinka und fährt fort: »Wir wissen, dass es ein Privileg ist, so frei und unbeschwert zu wohnen und zu leben wie wir das tun.«

Vom Flur gelangt man direkt in den offenen Allroom mit Küche, Essplatz und Wohnzimmer. Obwohl der modern konzipierte Kochbereich wegen seiner weiß glänzenden Fronten clean anmutet, wirkt er durch die farbigen Elemente in Taupe dennoch sehr gemütlich.

Eine gemusterte Tapete von Farrow & Ball akzentuiert den Essplatz. Die Sitzfläche der Eckbank ist aufklappbar, darunter versteckt sich genügend Stauraum für Spielsachen und Krimskrams. Der Boden wurde mit russischen Lärchen-Dielen ausgelegt – ein robustes Holz mit toller Maserung. Zum Schutz wurden die Dielen mit hellgrauer Lasur eingelassen.

In die Trennwand wurde ein offener Kamin integriert, der von zwei Seiten befeuerbar ist. Die hellen Bezüge der Couch sind abziehbar – Marinka bringt sie zweimal im Jahr in die Reinigung. Der blaue Eames-Schaukelstuhl ist von Vitra.

Tipp

STAURAUM IM FLUR

Marinka ist es wichtig, im familiären Alltags-Chaos nicht den Überblick zu verlieren. Darum sind ihr clevere Stauraumlösungen im Haus heilig. Im Flur ließ sie vom Tischler eine Garderobe mit Schubladen- und Schrank-Elementen einbauen.

Tipp

WANDGESTALTUNG

Marinka entschied sich im hell möblierten Wohnbereich für eine hochwertige Vliestapete in raffinierter Leinen-Optik aus der ECO Earth Kollektion. Durch den Leinen-Druck entsteht die Anmutung eines gewebten, feinen Stoffes, was jedem Raum sofort Behaglichkeit verleiht.

Ein kleiner Durchbruch in der Wand zwischen Flur und Küche sorgt für Kommunikationsfreiheit.

Die Familie genießt es, sich gemeinsam im Erdgeschoss aufzuhalten. Ein Teppichboden verwandelt den Wohnraum in eine großflächige, gemütliche Spielwiese – zur Freude der Kinder. Der Hocker mit weißem Gestell ist aus dem vtwonen Shop.

"Helle Farben und Kinder sind kein Widerspruch – bei uns klappt das ganz wunderbar!

Gute Idee

Wenn du mit einem Spielhaus aus Holz liebäugelst, dann entscheide dich für ein Modell in Natura. Den Anstrich kannst du selbst übernehmen und so dem Mini-Refugium einen individuellen Look verleihen.

Die Familie baute das Haus vor acht Jahren neu. Die Klinker trotzen Wind und Wetter. Außerdem fügt sich der Naturstein optisch wunderbar in die Umgebung ein.

Das zauberhafte Spielhaus aus Holz ist den Beach-Houses am Strand nachempfunden. Selbst eine Veranda gibt es, auf der die Kids ganz entspannt sitzen können.

Im Häuschen stehen Kinderküche, Spielsachen und Mini-Möbel bereit. Außerdem kann der Nachwuchs in Schlafsäcken auf der aufklappbaren Matratze übernachten.

Marinka genießt es, mit ihrer Familie soviel Zeit wie möglich unter freiem Himmel zu verbringen. Den Nachmittags-Snack serviert sie bei schönem Wetter auf der Terrasse.

Davon träumt jedes Kind: Ein eigener Abenteuer-Spielplatz mit Schaukel steht auf dem Privatgrundstück direkt vor dem Haus.

NAAR STRAND
33

Gemütlich unter Dach und Fach

Sil

Marinka und Pieter enschieden sich dafür, Baby Sil im eigenen Bettchen schlafen zu lassen – sogar im eigenen Zimmer. Damit die Wege nachts nicht zu lange sind, befinden sich Eltern- und Babyzimmer gleich nebeneinander – so ist nicht einmal ein Babyphone nötig.

Helle Farben, vorrangig Pastelltöne, sowie natürliche Materialien machen das Elternschlafzimmer zum visuellen Ruhepol. Die Tagesdecke aus Seide und die Blumen sind feminine Hauptakteure.

Sils Wickelkommode bewachen Kuscheltiere, für deren Aufbewahrung Marinka Stoffsäckchen aufgehängt hat. Die Kommode darf auch nach der Wickelzeit als Solitär im Kinderzimmer bleiben.

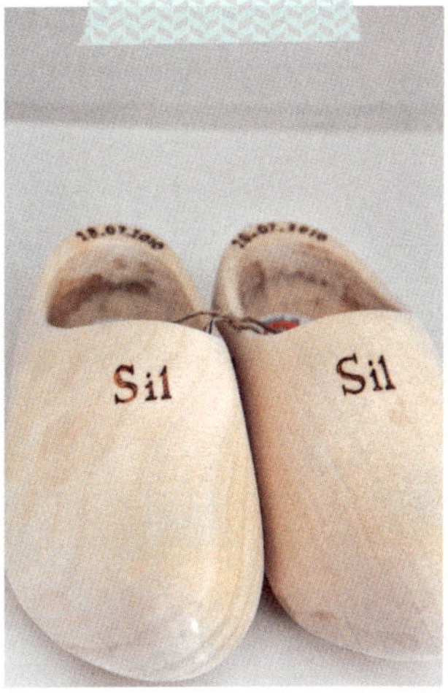

Marinka gestaltete Sils Zimmer erst einmal ganz neutral in Weiß, weil sie offen dafür bleiben wollte, welchen Look der Raum später nach der Babyzeit bekommen soll. Trotzdem dürfen ein paar blaue Farbtupfer im »Jungen-Ambiente« schon sein!

Die maßgefertigte Schlafkoje von Söhnchen Freek ist eine Schau! Der kleine Mann kann sich hinter geschlossenen Vorhängen zurückziehen und ausruhen. Integrierte Regalflächen sowie ein Schubkasten unter dem Bett sorgen für zusätzlichen Stauraum.

Freek

Die Delfin-Tapete ist von Eijffinger, die Industrie-Pendelleuchte von HK living. Witzig: Das offene Regal an der Wand wirkt wir ein XXL-Setzkasten, in dem Freek seine Lieblingssachen ausstellt.

Die graublaue Farbe bringt die Dachschräge noch mehr zur Geltung, was dem Raum eine behütete Atmosphäre verleiht. Jedes Kind hat im eigenen Zimmer seinen Namen an der Wand stehen.

Pleun

Pleun liebt es, Decken auf ihrem Boden auszubreiten und sich mit Freek neue Spiele auszudenken. Klasse Idee: Marinkas selbst entworfene Stauraumlösung aus einem Ikea-Regal und weißen Aufbewahrungskörben.

Auch Pleun freut sich über ihre geräumige Schlafkoje, die sich passgenau in die Dachschräge schmiegt. Ein munterer Muster-Farb-Mix macht die »Höhle« zum fröhlichen Rückzugsort.

Die raffinierte Tapete von Esta im munteren Paisley-Muster ziert ein kleines Wandstück. Auch hier sorgt ein offenes Regal für Übersicht. Auf dem süßen Mini-Pouf von Cath Kidston schmökert Pleun gerne in ihren Büchern.

Willkommen

Jetzt

bin ich **ENDLICH DA**

und das gemeinsame

LEBEN

kann beginnen!

Wennn der Neuankömmling im eigenen Zimmer schläft, ist es von Vorteil, neben das Bettchen einen bequemen Schaukelsessel zu stellen. Er ist ideal für Nachtwachen, Stillen und Kuscheln mit dem Baby. Das flotte Modell in Gelb ist der Eames Plastic Armchair von Vitra.

Weiß, Beige und natürliche Materialien dominieren dieses Baby-Ambiente. Felle auf dem Boden machen es zusätzlich behaglich. Den Schaukel-Sessel »Joya Rocker« gibt es bei The Land of Nod.

Die Krabbeldecke »Storytelling« von Fabelab aus organischen Textilien flüstert Babies kleine Geschichten ins Ohr: Piratenschiffe segeln auf den Wogen, während darüber Mond und Sterne wachen.

BABY AT HOME

Für werdende Mamas und Papas ist es wundervoll und spannend zugleich, das Babyzimmer einzurichten. Neben den Must haves wie Bettchen, Wickelkommode oder Stillsessel dürfen auch gerne Möbel und Accessoires Einzug halten, die das Baby im Kleinkindalter (und darüber hinaus) begleiten.

Two in one: Die Wickelkommode aus der »Roof Collection« von Kutikai besteht aus einer normalen Kommode und einem abnehmbaren Wickelaufsatz.

Reduzierte Formensprache: Die Wiege vom Tischler wird von der rosa Pendelleuchte »E27« von Muuto beleuchtet. Passend dazu wurde auch das Wandregal übereck angefertigt.

Kuschelfaktor? Hoch! Ultraweiche Wolldecke im Schwarzweiß-Look von Britta Sweden.

WACHSTUMS-ORIENTIERT

Möbel für die Allerkleinsten haben schnell ausgedient, wenn sie nicht mitwachsen. Da ist es schlau, nach Modellen Ausschau zu halten, die sich der Größe der Kinder anpassen. Zum Beispiel Betten, Stühle und Tische, die individuell verstellbar sind.

Das skandinavisch inspirierte Muster der Photowall-Tapete »Jungle Green« von Designerin Ingela P. Arrhenius löst beim Betrachter Beruhigung aus. Das Baby- und Kinderbett von sebra kann je nach Alter des Kindes individuell angepasst werden.

Der Hochstuhl von Flexa aus PP-Kunststoff und massiver Buche ist für Kinder von 0–12 Jahren geeignet. Er ist dreifach höhenverstellbar und besitzt sieben unterschiedliche Fußstützenhöhen.

Bettwäsche und Nestchen von Bloomingville sind aus feiner Baumwolle und sorgen so für einen gesunden Schlaf. Das nordische Babybett von Rieger kann auch als Laufstall genutzt werden.

Fast so schön wie originale Fliesen aus den 1920ern: Die abwischbare Vinylmatte von Beija Flor eignet sich hervorragend als Bodenschutz vor der Wickelkommode. Tolle Industrieleuchten gibt es bei Casa Lumi. Und die Kommode vom Tischler ist ein zeitloses Möbel, welches das Kind ein Leben lang begleiten kann.

WILLKOMMEN

bei Familie Lenstra

licHt unD luftig

Den Haag

138 m²

Unser Interieur ist funktional, aber auch ein wenig beschwingt. Damit das Zusammenwohnen gut funktioniert, müssen alle jedoch diszipliniert sein und Ordnung halten ...

Hellas Lieblingsfarben sind lichtes Blau und aquamarine Töne, die sie gerne mit natürlichen Materialien und erdigen Nuancen mixt. Das große Kuhfell dient als Bindeglied zwischen den lässigen Sitzmöbeln.

»Mein Zuhause ist mein erfolgreichstes Experiment«, sagt Hedda, die als selbstständige Innenarchitektin tätig ist. Gemeinsam mit Michiel renovierte sie ihr altes Haus und stellte dabei den ganzen Grundriss auf den Kopf, denn schließlich sollte das Licht überall fließen. Eingeplant wurde außerdem ausreichend Platz für ein Home-Office und mehrere Kinderbereiche. Was ihre Einrichtung angeht, so geht es Hedda lässig an: mit einem großen Faible für Funktionalität, gepaart mit moderner Kunst und charmanten Vintage-Klassikern. Gelungen ist auch der harmonische Mix aus ganz viel Weiß, gedeckten Farben und hellem Holz. Für die Kinderzimmer gelten allerdings andere Regeln: Ob fröhlich gemusterte Gardinen oder quietschbunte Deko, hier hört man es kichern! »Oft übertragen Erwachsene ihr Einrichtungskonzept auch auf die Kinderzimmer. Die Knirpse haben aber eigene Wünsche«, weiß Hedda – und lässt darum gerne auch ihren Nachwuchs mitentscheiden.

Hedda hat eine Vorliebe für unkonventionelle Beisteller, wie die roh belassenen Baumstämme, die sie sich in einer Holzhandlung auf die gewünschte Länge absägen ließ. Das Bild über dem schwarzen dänischen Stuhl stammt von Marlene von Durckheim.

Bequeme Rückzugsinsel: Gestreifte Kissen peppen den Sofa-Beisteller auf, der perfekt an das kurze Stück Wand zwischen Fenster und Terrassentür passt.

Hedda hat ein Händchen für exakt inszenierte Stillleben. Das Arrangement auf dem Sideboard zitiert das Farbschema des darüber hängenden Bildes von Bernard Romeijn.

Gute Idee

Der robuste Esstisch wurde aus alten Eichenbohlen gefertigt und wird sicher viele Generationen überdauern. Freischwinger und eine lange Sitzbank machen den Platz einladend und gemütlich.

Optimaler Start in den Tag: Hedda bereitet jeden Morgen ein gesundes Frühstück für alle zu. Wenn die Kinder und Michiel aus dem Haus sind, geht sie in ihr Home-Office, das sich im Obergeschoss befindet.

Die dunkle Küchenzeile wurde vom Tischler maßgefertigt. Ihre cleane, elegante Optik lässt sie wie ein überdimensionales Sideboard aussehen.

Die beiden Artischocken-Leuchten »Norm 69« sind von Normann Copenhagen. Die Sessel sind Erbstücke, die Hedda neu beziehen ließ. Tricky: Die dunkle Wandfarbe verläuft raffiniert übereck und simuliert zusammen mit dem schmalen Teppich eine behagliche Nische.

Vom Elternschlafzimmer gelangt man direkt ins großzügige Bad. Der Mosaik-Fliesenboden wirkt gemeinsam mit den glänzenden Oberflächen besonders edel.

Die Tapete »Scrapwood« von Piet Hein Eek sieht wie eine echte Bretterwand aus. Optisch raffiniert ist auch der Wandschrank, der in eine Rigipswand eingelassen wurde.

Tipp

TÄUSCHEND ECHT

Ob puristische Beton-Optik, rustikale Bretterwand oder heimelige Backstein-Atmosphäre: Hochwertige Vliestapeten mit täuschend echten Motiven sind einfach anzubringen. Und das Beste daran: Wenn sie dir nicht mehr gefallen, musst du keine Wand einreißen, um eine neue Wandgestaltung auszuprobieren.

Vormals dunkler, muffiger Speicher, heute lichtes Refugium: Hedda ließ den Dachboden zu einem hellen, modernen Arbeitszimmer ausbauen. Nur die alten Balken erinnern noch an frühere Zeiten.

Hedda betreibt ihr eigenes Inneneinrichtungsbüro »Pier Design«. Ihr ist wichtig, dass der Wohnstil Geschichten der Bewohner reflektiert

Ich liebe mein kleines Reich unter dem Dach – da bin ich ganz für mich.

Kreatives Spielzimmer mit viel Platz

Kinder lieben es, das Wohnzimmer (und meist auch andere Räume) als Spielwiese zu benutzen. Wer das nicht möchte, sollte ein eigenes Spielzimmer einrichten, wo sich Groß und Klein treffen und gemeinsam Zeit verbringen können.

Gut organisiert: Das Spielzeug verschwindet hier in Körben, Truhen und Schränken. So fällt es den Kindern leichter, Ordnung zu halten – und sie verlieren nicht den Überblick.

Früher war hier ein eingebauter Wandschrank mit Türen. Hedda ließ ihn entfernen und nutzt nun den Bereich für Stella und Finn als Kuschel- und Leseecke.

Stella und Finn finden den langen Basteltisch vom Tischler einfach klasse! Ihre feuchten Wasserfarben-Bilder hängen sie zum Trocknen einfach an der Schnur auf.

Stella

Hedda wollte für Stella ein Zimmer, das hell und luftig wirkt. Gelungen ist ihr das mit weißen Möbeln, hellem Holz und vielen Pastellfarben. Das Bett ist von Ikea, das Wand-Tatoo von Djeco.

Gute-Laune-Garant: Die Wimpelkette hat Hedda selbst aus Stoffresten genäht – sie schafft eine besonders fröhliche Atmosphäre. Im Schrank ist Stellas Kleidung verstaut.

Die Bücherregale sind vom Tischler extra niedrig an der Wand angebracht worden, damit Stella selbst an ihren Lesestoff herankommt.

KIK★KID

Finn

Ein raumhohes Tattoo in Form eines Birkenstammes von Kek Amsterdam strukturiert die pastellgrüne Wand. Die zugehörigen Tiere komplettieren das Wald-Szenario.

Finns Wickelkommode hat mintfarbene Knöpfe, die Hedda anstelle der weißen Originalgriffe anbrachte. Witzige Idee: Sie haben drei unterschiedliche Größen.

Das gelbe Elefanten-Motiv an der Wand lässt den Raum besonders sonnig wirken. Das Bettchen ist in der Liegehöhe verstellbar und passt sich so den Bedürfnissen von Finn an.

Komm wir kuscheln

Mach

PLATZ!

Ich will auch noch was

VON DER

Decke

haben ...

Nichts ist einladender, als eine kuschelige Liegewiese, auf der man seine Füße zappelnd in die Luft strecken kann. Die bunten Kissen von Mimi' lou machen Lust auf eine lustige Kissenschlacht.

Mit einer Husse von Bemz wird das schlichte Bett von Ikea zur ultragemütlichen Couch umfunktioniert. Viele bunte Kissen geben fröhliche Rückendeckung,

Diese Bettwäsche ist zu schön, um sie mit einer Tagesdecke zuzudecken. Mit einer stattlichen Kissenparade wird aus dem Bett tagsüber eine behagliche Ruhezone, auf der es sich prima entspannen lässt.

RÜCKZUGSORTE

Kinder spielen und toben gerne herum, brauchen aber auch immer wieder Ruhephasen – außerhalb der regulären Schlafenszeiten. Am Schönsten ist es, wenn man ihnen mit Kissen und Decken selbst die Möglichkeit gibt, es sich gemütlich zu machen. Toll sind außerdem Sitzsäcke, auf die sie sich herrlich faul plumpsen lassen können. So macht Lesen und Bücheranschauen Spaß!

Die knallorange Tapete »Classic Stem« von Orla Kiely bringt auch optisch Schwung in die Bude. Waschbare, robuste Überzüge für Sitzsäcke kannst du entweder selbst nähen oder bei Bemz in vielen unterschiedlichen Farben und Motiven bestellen.

Oft braucht es nicht viel, um sich eine kuschelige Ruheinsel zu schaffen: Ein runder Bast-Teppich, ein paar vergnügte Kissen und eine gesteppte Spieldecke von ferm Living – schon kann das spannende Lese-Abenteuer beginnen.

RELAXZONEN

XXL-Sitzkissen, Spieldecken und Matratzenlager sind magische Anziehungsorte für Kinder. Darauf lässt es sich fantastisch herumlümmeln und faulenzen. Und nach einer entspannten Verschnaufspause kommen neue Spielideen wieder ganz von alleine …

Verschiedene Spielkissen in süßen Tierformen von Bloomingville bewachen die Kuschelzone, die Tag und Nacht mit feinen Leinen- und Baumwollbezügen lockt.

Weiche, gestrickte Decken und Überzüge bilden in Kombination mit fluffigen Kissen ein prima Basislager für die Erholungsstation. Zauberhafte Kissenhüllen und Dessins gibt es bei Bloomingville.

Die dünnen Matratzen von nobodinoz eigenen sich genial dazu, sie aufeinander zu stapeln, bis die gewünschte Sitzhöhe erreicht ist. Bei Bedarf können sie aber auch auf dem Boden verteilt werden, damit eine größere Spielwiese entsteht.

Das Bodenkissen von fatboy ist mit Styroporperlen gefüllt, die es federleicht machen und für wohlige Wärme sorgen. Ein flexibler Fletz-Platz also, den Kinder leicht selbst an Ort und Stelle ziehen können. Praktisch: Der graue Überzug vom Scandi-Label Miniwilla ist waschbar.

Auf diesen gesteppten Decken fühlt sich jedes Kind pudelwohl. Das skandinavische Design von Fabelab ist eine Mischung aus Verspieltheit, lustigen Überraschungen und hippen Farben, kombiniert mit einfacher Geometrie.

WILLKOMMEN

bei Familie Adriaansen

Oostzaan

Heiter und froh

165 m²

Wohnlicher Freiraum ist uns daheim wichtig – sonst kommen wir uns alle zu sehr ins Gehege. Gut, dass das Haus groß genug ist für fünf …

Pepper liebt die Geborgenheit des Armlehnsessels. Die Kinder sitzen aber auch gerne auf der gepolsterten Bank über der Heizung und beobachten, was draußen los ist.

Picobello: Das Lauflernrad hat saubere Reifen, weil es nur drinnen benutzt werden darf. Die Kinder fahren damit durch das weitläufige Erdgeschoss – mit Vorsicht natürlich!

Gute Idee

Damit sich auch die Kinder im Wohnzimmer wohlfühlen, gibt es überall kleine Möbel, Hocker und Sitzkissen, die sie ganz nach Lust und Laune dorthin verschieben können, wo sie gerade möchten.

Unser Zuhause ist die ideale Spielwiese für ein heiteres Familienleben.

Ein einladender Hängesessel von Sissy-Boy baumelt im lichtdurchfluteten Erker und bietet einen genialen Platz, um sich mit den Kindern hineinzusetzen und ihnen Geschichten vorzulesen.

Ursprünglich war die Ziegelmauer des Kamins rot. Sie wurde weiß getüncht, damit sie besser zum hellen Wohlfühl-Interieur passt.

Nancy und Sander legen sich weder in Sachen Mode noch bei ihrer Einrichtung fest. »Dazu ist die Welt viel zu schillernd und vielseitig«, sagen beide. »In unser Zuhause darf einziehen, was uns gefällt – passt nicht, gibt's nicht.« Vielleicht ist das die Erklärung dafür, dass es im Haus unzählige, zum Teil kuriose Einzelstücke gibt, die aber hinsichtlich des Gesamtbildes doch irgendwie alle zusammenpassen. »Vieles davon stammt von Flohmärkten«, erzählt Nancy. »Außerdem reisen wir oft und gerne. Meistens haben wir dann auf der Rückreise etwas Neues im Handgepäck, das in unseren vier Wänden eine neue Heimat erhält.« Softe Pastelltöne bilden das Bindeglied zwischen den unterschiedlichen Styles und machen das Einfamilienrefugium zu einem individuellen Ort, der der ganzen Familie gefällt. »Unsere Kinder haben überall im Haus ihre eigenen Plätze oder passenden Möbel – nicht nur im Kinderzimmer«, verrät Nancy. »Mir ist es wichtig, dass sie sich überall wohl und willkommen fühlen.« Für Ordnung im Alltagschaos sorgen derzeit noch die Erwachsenen, solange die Kids klein sind. »Wenn sie größer sind, werden wir es aber so organisieren, dass jeder mitanpackt«, lacht Nancy. »Einer für alle, alle für einen!«

witte
broods
weken
THE
RESE
SEN
NER
HOLT
DE
SIGN

neem
mij

I want to do bad things with you!
Cate
thea
John
ONE PAGE

Tipp

CLEVER GELÖST

Nancy wünschte sich eine kindgerechte Küchentheke ohne konventionelle Barhocker. Der Tischler plante daher eine Nische mit Bank, die bei Nichtgebrauch einfach darunter geschoben werden kann. Weiterer Vorteil: Auf der Bank können die Kids knien oder stehen und ihren Eltern beim Kochen zusehen.

Die offene Wohnküche umfasst einen zentralen Kochbereich sowie einen benachbarten Essplatz – ein kommunikativer Ort, der der zentrale Treffpunkt für die Familie ist.

Gleich neben dem langen Esstisch lagern Bastellsachen auf dem Hocker und warten darauf, dass daraus tolle DIYs entstehen.

Zuckersüß: »Neem mij« – »nimm mich« steht auf dem Anhänger am gebogenen Löffel. Eine originelle Installation an der Küchenwand, die alle Blicke auf sich zieht.

Nancy hat eine Vorliebe für schöne Dinge aus Papier, die sie gerne auch mal ganz lässig mit Masking-Tape direkt an die Wand pinnt.

In der Küche stehen Krüge und Tassen immer griffbereit. Die Familie genießt es, in ihrer Freizeit am langen Tisch zusammenzukommen und bei Tee und frischem Gebäck das Leben zu genießen.

Die Natursteinwand von Intercodam ist neben der freistehenden Wanne das Highlight im Bad. Leinen-Handtücher von Ottomania und ein afrikanischer Hocker – ein Reise-Souvenir – machen den behaglichen Look perfekt.

Nancy stellt gerne hübsche Dinge wie Postkarten oder Mitbringsel aus fernen Ländern aus – es ist vor allem der Mix, der die Arrangements so spannend macht.

Das Boxspringbett von Pullmann passt genau in die Nische im Elternschlafzimmer. Bettwäsche und Spitzendecke kaufte Nancy bei einem lokalen Wochenmarkt.

Tipp

SICHTSCHUTZ

Nancy ist kein Fan von Vorhängen, darum entschied sie sich im Schlafzimmer für ein Ikea-Rollo aus Bambus, das wunderschöne Lichtreflexe zaubert und dennoch ausreichend für Privatsphäre sorgt.

Manchmal ist weniger etwas mehr

Pepper

Pepper und Josi dürfen sich frei und ungezwungen im ganzen Haus aufhalten. Dennoch hat jedes Kind sein eigenes Reich, um auch mal ganz für sich zu sein. Und die bewusst reduziert gehaltene Einrichtung ermöglicht es den beiden, den Überblick über ihre Siebensachen zu behalten.

Nancy kaufte für Josi einen ganz normalen Kleiderschrank und bewusst kein Kinder-Möbel, damit er sie ein Leben lang begleiten kann.

Im antiken Lederkoffer vom Flohmarkt bewahrt Josi ihre Verkleidungssachen auf. Dieser wandert auch gerne mal zwischen den Kinderzimmern hin und her.

Josi und Pepper finden es klasse, dass sie überall im Haus kindgerechte Plätze vorfinden, um immer »live dabei sein« zu können.

Peppers Bett ersteigerte Nancy bei eBay – mit im Paket: eine Dose knallroter Lack. Nancy ließ es aber lieber im Natur-Look, weil es so besser zur Gesamtstimmung passt.

Josis Zimmer wird abends von einer Lichterkette von good moods dezent beleuchtet. Das Puppenbett hat Nancy bei einem Tischler anfertigen lassen. Das Bett ist von Ikea.*

Josi

Süße Träume

Auf

DEM WEG

ins schöne

Schlummerland

MAG ICH ES

ultra

BEQUEM

!

Wenn sich zwei Kinder ein Zimmer teilen, ist es sinnvoll, ein Etagenbett aufzustellen. Das innovative Modell von Rafa-kids zeigt, wie unkonventionell diese platzsparenden Lösung aussehen kann.

DREAM BIG

Bei der Auswahl von Kinderbetten ist es wichtig, dass ein leichter, ungefährlicher Ein- und Ausstieg gewährleistet ist, der Kinder (und auch Eltern) ruhig und sorgenfrei schlafen lässt. Beim Matratzenkauf solltest du auf Prüfsiegel und Komfort achten – am besten, du lässt dich beraten. Von Vorteil sind Betten, die mitwachsen, was aber eher ein »Kann« als ein »Muss« ist.

Kinder lieben nicht nur Spielhäuser, sondern auch Betten in Hausform wie dieses schicke Exemplar aus Vollholz von bonnesoeurs. Ein großer Baldachin, hier ein Makramee-XXL-Schal, verwandelt es in einen komfortablen Rückzugsort.

Wenn du das Kinderbett direkt an die Wand stellst, kann man es tagsüber auch als Mini-Sofa nutzen. Dazu drapierst du auf dem Bett ringsherum einfach ganz viele Kissen und Polster zum Anlehnen.

Das alte Vintage-Bett wirkt schon wegen seines warmen Farbtons behaglich. Und die vielen Kissen darauf machen es noch mehr zu einer ganz wunderbaren Wohlfühlzone. Als Ablagefläche dient ein handliches Beistelltischchen.

Alles unter Dach und Fach: Das witzige Bett von Kutikai (160 x 80 cm) bietet mittels Dach, Fenstern und Abstellfläche viele Nutz- und Spielmöglichkeiten.

Die zauberhafte, weiche Bettwäsche von Fabelab verlockt auch tagsüber dazu, sich noch einmal hineinzukuscheln. Grundsätzlich solltest du beim Kauf von Kinderbettwäsche darauf achten, dass es sich um ökologische Bio-Baumwolle handelt – das kann Allergien entgegen wirken und Kinder schlafen einfach gesünder darin.

TRAUMPARADIES

Nachts sollte im Kinderbett auf unnötigen Deko-Schnickschnack und zuviel Spiel- oder Bettzeug verzichtet werden. Ein ergonomisches Kopfkissen und eine leichte Decke, unter der man nicht schwitzt, genügen, um einen erholsamen Schlaf zu garantieren.

Das nordisch inspirierte Babybett von Flexa aus massiver Buche ist durch seine organische Formensprache ein sympathisches Möbelstück, das noch an mehrere Generationen weitervererbt werden kann.

Das Bett von Oeuf mit hoher Rahmenbauweise ist ideal, damit Kinder nicht herausfallen können. Sternenkissen und Sternen-Tapete laden zum Träumen ein.

WILLKOMMEN

bei Familie Carlsson

Malmö

offen und herzig

126 m²

Weil wir ohne Türen wohnen, müssen wir Rücksicht aufeinander nehmen. Vor allem nachts: Da treten wir nur auf diejenigen Stellen der Holzdielen, die nicht knarren.
HACKSPETTEN

Familie Carlsson entschied sich bewusst dazu, in ihrer Altbauwohnung auf einen Großteil der Türen zu verzichten. »Uns ist es wichtig, dass wir das Gefühl haben, zusammen zu sein«, erklärt Annika. »Und da unser Zuhause ja sehr weitläufig und großzügig geschnitten ist, haben wir trotz offener Räume dennoch nicht das Gefühl, aufeinander zu sitzen.« Sie, ihr Mann Emanuel und die beiden Kinder Mille und Kikki fühlen sich eben erst dann richtig wohl, wenn es irgendwo noch lebendige Hintergrundgeräusche gibt. »Während ich abends in der Küche bin und koche, höre ich die Kinder in ihrem Zimmer spielen und kann mich gleichzeitig mit Emanuel, der im Wohnzimmer sitzt, unterhalten, wie unser Tag gelaufen ist«, erzählt Annika. »Ich glaube, dass es das ist, was unser harmonisches Familienleben ausmacht: Wir ziehen uns nicht zurück, sondern wohnen miteinander.« Darüber hinaus gib es für das Zusammenleben der Carlssons einige Grundregeln, die beachtet werden müssen. Eine ist, dass jederzeit ein freundlicher und respektvoller Umgangston herrscht. »Ich möchte einfach eine positive Stimmung im Haus haben«, betont Annika.

Gitarre, Sideboard und Arne-Jacobsen-Stühle von Fritz Hansen haben den gleichen Holzton wie der Holzrahmen des braunen Sofas und bilden somit eine optische Brücke.

Für Annika gibt es nur zwei Varianten, wie man Bücher ins Regal stellt: entweder nach Farbe des Buchrückens oder alphabetisch sortiert. Sie entschied sich für ein buntes Farbenspiel.

Blick vom Kinderzimmer bis in die Küche. Die offenen Wohnräume ermöglichen der Familie ein kommunikatives Miteinander. Natürlich gibt es auch Rückzugsorte, damit jeder mal für sich sein kann.

BRIO

Tipp

WAND-COLLAGE

Wenn du eine Wand-Collage planst, solltest du zuerst alle Bilder zusammenstellen, die du hinhängen möchtest. Bevor du sie anbringst, kannst du am Boden verschiedene Anordnungen ausprobieren, bis dir eine Komposition gefällt. Aber natürlich kann eine Collage auch noch später erweitert oder verändert werden.

Emanuel ist Industriedesigner mit einer hohen Affinität zum Modellbau. Das maßstabsgetreue japanische Kampfflugzeug aus dem Zweiten Weltkrieg ist sein absoluter Liebling und schmückt dekorativ die Wand im Spielzimmer.

Annika liebt es, mit den Kinderzeichnungen spannende Wandbilder zu gestalten. Die Arrangements werden immer wieder ausgetauscht und aktualisiert.

Den Esstisch hat Annikas Vater, ein Tischler, selbst gebaut. Er hat bereits viele Gebrauchsspuren, was bei einem Haushalt mit kleinen Kindern von großem Vorteil ist, wie Annika und Emanuel finden.

Stoffe sind die wichtigsten Nebendarsteller auf unserer Wohnbühne.

Gute Idee

Wenn du in deinem Home-Office viel Stauraum brauchst, kannst du Hängeschränke und Regale an der Wand über dem Schreibtisch anbringen. So hast du alles kompakt in Reichweite.

Annika und Emanuel nutzen den Schreibtisch oft zu zweit, wenn sie einen Home-Office-Tag einlegen. Die lange Arbeitsplatte bietet viel Platz und integrierte Licht-Spots sorgen für eine optimale Beleuchtung.

Annika hat ein Faible für Retro-Muster. Die meisten Stoffe, die Annika zu dekorativen Kissen und Wohnaccessoires verarbeitet, stammen von Flohmärkten.

Die formschönen Holzknöpfe vom It-Label Muuto fühlen sich wie Handschmeichler an und verzieren, fest angeschraubt, mit und ohne schicker Garderobe, die Wand.

Das Bild mit Origami-Vögeln stammt aus der Kreativschmiede von Annika, die als Illustratorin arbeitet. Der blaue Stadtplan von Paris ist von Famille Summerbelle. Die mintgrüne Leuchte »Moth« ist von Studio Snowpuppe.

Zwischen Wohnraum und Elternbereich

Weil es von der Aufteilung her nicht anders ging, befindet sich das Kinderzimmer zwischen dem Wohn- und dem Elternschlafzimmer. Aber die Kinder haben sich daran gewöhnt, dass die Eltern über ihre Spielwiese laufen und sich abends leise ins Doppelbett schleichen.

Der praktische Stoffsack mit Kordelzug und Tragegriffen von The Youngsters hält Spielzeug in Schach und kann leicht überall in der Wohnung mit hingenommen werden.

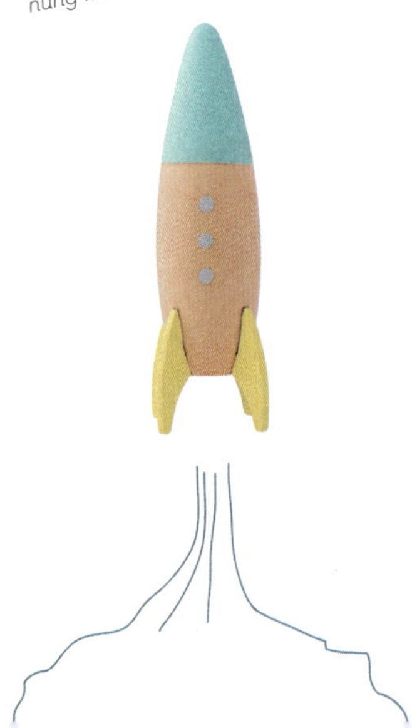

Barrierefreiheit: Zwischen Wohntrakt und Kinderzimmer gibt es keine Tür, alle Bereiche gehen fließend ineinander über. Für die Kids ein Vorteil, denn ihr Spielradius wird so maximal erweitert.

Mille

Das helle Kinderzimmer ist mit Abstand der größte Raum der Wohnung. Hier gestalteten Annika und Emanuel einen weitläufigen Bereich zum Spielen und Schlafen.

Alles, was das Herz begehrt: Es gibt einen Mal- und Basteltisch, eine Spiel- sowie eine Kuschelecke und ein XXL-Hochbett – und die Kids dürfen sogar Rad fahren.

Die entzückenden Matrjoschka-Puppen kaufte Annika bei OMM Design. Es gibt sie in einer Reihe von Varianten. Genial: Das Monster-Bild von Mille.

Die kleinen Holzspielzeug-Häuser sind hübsch anzuschauen – sie werden leider nicht mehr hergestellt. Ähnliche Häuser findest du beim Onlineshop Minamo oder über eBay.

Nikki

Die Wand unter dem Hochbett hat Annika mit selbst entworfenen Tapetentieren und -objekten beklebt. Dafür suchte sie sich passende Tapetenreste im Internet heraus.

Das Mini-Klavier gibt auf Tastendruck echte Töne von sich. Tolle Kinderinstrumente bietet tausendkind an. Die Kuschelhasen strickte Annikas Mutter für ihre Enkel.

Das Hochbett baute ein Tischler. Es steht in einer dafür perfekt geeigneten Nische im Kinderzimmer. Annika nähte noch einen Vorhang dazu. So kann der Raum darunter prima als »Spielhöhle« genutzt werden.

Lass uns spielen

Hey!

hast du LUST,

zu mir

zum

Spielen

ZU KOMMEN?

Die witzigen Holzregalelemente von Bloomingville sind mit tierisch coolen Motiven bedruckt und beflügeln so die Fantasie. Praktische Stoffkörbe und rollbare Boxen bringen das Spielzeug von A nach B.

INDOOR-SPIELPLATZ

Wenn du nicht möchtest, dass überall in deinem Zuhause Spielsachen herumliegen, solltest du klare Regeln aufstellen – und vor allem ein Areal einrichten, in dem Spielen ausdrücklich erlaubt ist. Das kann neben dem Kinderzimmer ein Bereich sein, der zeitweise zur Spielzone erklärt wird. Praktisch für das Spiel-On-Off: mobile Spielkörbe!

Diese farbenfrohe Theaterkulisse von Rice kannst du entweder am Türrahmen an zwei Haken anbringen oder zwischen eine Klappleiter spannen. Fun-Faktor? Hoch!

Dieses »Spielhaus« besteht aus einer Wandtapete von Inke und definiert optisch den Mal- und Bastelbereich. Holz-Steckmöbel sind der letzte Schrei und können vom Tischler auf Wunsch individuell angefertigt werden.

Das massive Hochbett von Flexa eignet sich bestens dazu, darunter einen kuscheligen Spielbereich zu integrieren. Praktisch: Durch die Spielvorhänge mit Ausguck behalten die Kinder den Überblick.

Die bunten Bodenfliesen von Beija Flor verleihen dem Kinderzimmer einen fröhlichen Look. Gut zu wissen: Sie sind äußerst robust und leicht zu reinigen.

Je größer das Kinder- oder Spielzimmer, desto mehr Bewegungsfreiheit für den kleinen Bewohner. Es empfiehlt sich daher, Schlafbereiche in kleineren Zimmern unterbringen, Spielbereiche dagegen in größeren. Coole Bettwäsche und Aufbewahrungskörbe von The Youngsters.

Die einfachsten Dinge sind oftmals die schönsten: Schneide zwei Löcher in einen großen Kissenbezug und schon turnen die kleinen Gespenster munter herum.

Ein ebener Holzboden eignet sich besser dafür, etwas darauf aufzubauen, als ein hochfloriger Teppichboden. Damit es dennoch gemütlich bleibt, dafür sorgt ein Kissen von ferm Living.

Ein Kunststoffteppich von Rice ist eine feine Sache: Er ist bestens dazu geeignet, eine Spiel- oder Bastelfläche am Boden optisch einzugrenzen, zudem ist er abwischbar. Toll: Die geräumige Regalwand von Kutikai bietet viel Stauraum.

SPIELWIESE

Es gibt eine einfache Regel, wenn ein Spielzimmer seinen Zweck erfüllen soll: Es muss ausreichend Platz zum Spielen vorhanden sein! Damit das auch auf kleiner Fläche funktioniert, sollte immer zwischendurch aufgeräumt werden, bevor neue Spielsachen ausgebreitet werden – sonst versinkt schnell alles im Chaos. Und das wiederum bremst den Spielfluss.

Einfaches DIY-Projekt: Eine Tischlerplatte im Baumarkt auf das gewünschte Maß zuschneiden lassen, zwei Ecken für die Hausform abschrägen und anschließend mit Tafellack streichen: Fertig ist eine tolle Malfläche für Kreide. Spielmöbel vom Bloomingvillle.

Ein Tippi (z.B. über Small Label) bietet beim Spielen Rückendeckung. Kommode von Kutikai.

WILLKOMMEN

bei Familie Ottosson

lässig und cool

140 m²

Malmö

Wir sind echt ziemlich chaotisch, aber dadurch wird es nie langweilig! Wir wohnen hier schon seit mehr als fünf Jahren und möchten nie wieder weg ...

Auf und in der Ikea-Vitrine werden Dinge ausgestellt, die hübsch anzusehen sind. Total kultig: Die Sonny-Angel-Figuren entzücken Groß und Klein gleichermaßen.

Der gemütliche Balkon wird bis in die Abendstunden von der Sonne geküsst. Coole Idee: Den Betonboden strich Pär mit himmelblauer Estrichfarbe.

Der große Esstisch ist wie bei so vielen Familien der Treffpunkt, wo alle gerne zusammenkommen. Die graue Tapete »Concrete bubble« entwarf Isabelle McAllister. Der Streifen-Kelim von Carpet Vista verleiht dem weißen Boden Struktur.

An einer der wenigen farbfreien Wände in der Wohnung hängt eine Postersammlung von Lovisa und Pär. Das niedliche Birnen-Poster stammt von Fine Little Day.

Tipp

WANDGESTALTUNG

Eine Wand ist flott gestrichen – und genauso schnell wieder umgestrichen, wenn man der Farbe überdrüssig geworden ist. Dennoch: Eine Tapete erzielt oft mehr Aahs und Oohs und kann einen Raum auch ohne teure Designermöbel zum wohnlichen Ereignis machen. Extrem coole Nordic-Tapeten findest du bei Mr Perswall.

Ohne Kitsch geht es bei Familie Ottosson nicht. Ihre renovierte Altbauwohnung in Malmö ist ein erstaunliches Sammelsurium unterschiedlichster Möbel, Stile und Flohmarktfunde. »Unser Zuhause spiegelt unsere Persönlichkeit wider«, bestätigt Pär. »Wir lassen uns ungern in eine Schublade pressen – weder in dem, wer wir sind, noch in dem, wie wir unser Leben leben.« Dieser freizügige Spirit hat zur Folge, dass du an einem Tag bei Familie Ottosson zu Besuch sein kannst und dich eine graue Wand mit pinken Punkten anlacht, und beim nächsten Mal strahlen dich dann an derselben Wand sonnengelbe Streifen an. »Ich bin sehr spontan, wenn es darum geht, Veränderungen in unserer Einrichtung vorzunehmen«, gesteht Pär. »Wenn es mich überfällt, streiche oder tapeziere ich schon mal über Nacht etwas komplett neu.« Lovisa hat gegen Pärs Kreativschübe nichts einzuwenden: »Ich mag den Gedanken, dass unser Zuhause im ständigen Flow ist. Ausrangierte Klamotten gibt man doch auch ohne zu zögern in die Altkleidersammlung – warum also nicht auch Möbel oder Farbstimmungen austauschen?« Dass diese kunterbunte Wohn-Party auch dem Nachwuchs gefällt, ist logisch: Kinder mögen es fröhlich und ungezwungen!

Eine rosa Küche? Finden viele echt schräg! Für uns war es die einzige Farbe, die in Frage kam.

Angefangen hat es damit, dass Lovisa ihre rosa Brille auf hatte, als sie den Smeg-Kühlschrank zum ersten Mal sah – und gleich kaufte. Der Rest ist Geschichte und Pär zu verdanken, weil er die Küche anschließend farbgleich lackierte.

Stilsicherer Retro-Look: Pastellrosa trifft auf quadratische Kacheln.

Die kleine zackige Hängeleuchte stammt vom niederländischen It-Label Studio Snowpuppe und bezirzt mit ihrem kunstvoll gefalteten Origami-Schirmchen.

Der Flohmarkt-Bär aus Kopenhagen hat einen Haken. »Cozinha« heißt auf Portugiesisch »Küche«.

Die vier Poster an der Küchenwand stammen von einer lieben Freundin der Familie: der schwedischen Illustratorin Kajsa Wallin.

gorilla
Kaffe

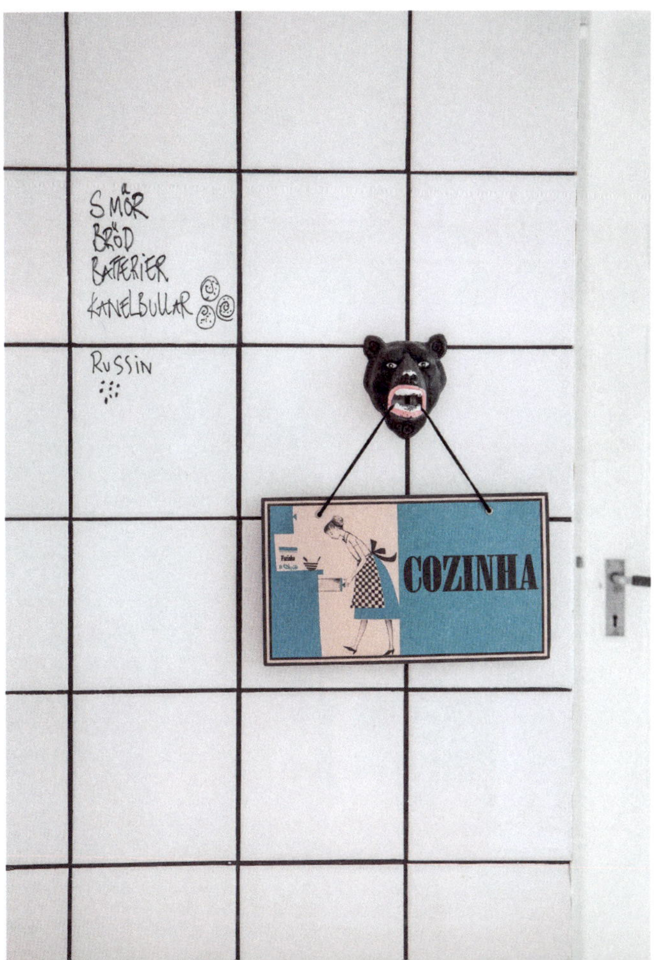
SMÖR
BRÖD
BATTERIER
KANELBULLAR
RUSSIN
COZINHA

Gute Idee

Klar kannst du deine Bücher klassisch nach Themen und Autoren ordnen. Viel hübscher anzusehen ist es jedoch, wenn du sie nach der Farbe der Buchrücken ins Regal stellst.

Pär baute das Bücherregal im Wohnflur selbst. Zuvor überlegte er sich ganz genau, wieviel Platz er für was benötigt – wie zum Beispiel das Vintage-Sofa, das hier in der Nische steht. Weitere kreative Ideen findest du auf seinem inspirierenden Blog: blogg.loppi.se/pappapastell

Die vormals raumhohe Trennwand zwischen Arbeits- und Wohnzimmer wurde im oberen Bereich entfernt, um so mehr Helligkeit und Offenheit zu gewinnen. Zwei Arne-Jacobsen-Stühle aus der »Serie 7« von Vitra flankieren den soliden Ikea-Schreibtisch.

Tipp

STAURAUM

Wenn eine konventionelle Garderobe nicht zu deinem Wohnstil passt, kannst du auch eine lässige Freestyle-Variante wie bei Familie Ottosson wählen: Hier hängt eine ausrangierte Garderobe aus einer alten Schule an der Wand, an der die Jacken und Mäntel baumeln. Griffbereit sind auch Schuhe, die im täglichen Gebrauch sind. Mützen und Schals werden in der Kiste daneben verstaut.

Der Apfel fällt im Hause Ottosson nicht weit vom Stamm. Dies betrifft nicht nur die ansteckende Lebensfreude und Kreativität, sondern auch den extravaganten Kleidungsstil. Der gelbe, robuste Kunststoff-Läufer im Eingangsbereich ist von Pappelina.

Zwischen Einkaufsladen und Zoo

Es muss nicht viel kosten, das Kinderzimmer in ein Reich der Träume und Fantasie zu verwandeln. Mach es wie Lovisa und Pär! Denn sie haben mit ganz einfachen Mitteln, bunten Tapeten und etwas Farbe zwei Rückzugsräume geschaffen, die ihre Kids rundherum happy stimmen – praktische Stauräume und kuschelige Ecken inklusive.

Die Tapete »Random clouds« von Isabelle McAllister kleisterte Pär eines Nachts an die Wand in Iris' Kinderzimmer, als die Kinder beide in Ebbes Zimmer schliefen. Bei Erwachen war die Freude darüber um so größer. Das alte Flohmarkt-Bett strich Lovisa mit grünem Tafellack.

Der Kaufladen von Iris befindet sich in der ehemaligen Speisekammer, auf die die Familie verzichten konnte. Pär baute in die Wand ein Fenster mit Markise ein, das nun als Ladentheke dient.

Iris

Auf dem weißen String-Regal stellt Iris ihre witzigen Lieblingsstücke zur Schau. Zauberhaft ist auch die Lichterkette von good moods, die abends für stimmungsvolles Licht sorgt. Vintage-Zoo-Poster wie dieses kannst du bei allposters.de bestellen.*

Ebbe

Ebbe wünschte sich eine Wand im Zimmer, auf die er nach Lust und Laune mit Kreide malen kann. Das ließ sich sein Vater nicht zweimal sagen – und die Dino-Trophy gab's noch on top.

Der runde Coffee-Table vom Trödler dient den Kindern als praktische Fläche für Brettspiele sowie zum Puzzeln und Zeichnen. Weil die Tischbeine etwas zu hoch waren, kappte Pär sie einfach um ein Stückchen.

In Ebbes Zimmer klebte Pär neonfarbene Büro-Markierungspunkte an die Wand und zauberte so ein cooles Tapeten-Flair – ein Upgrade, das nicht viel kostet!

Tipptopp aufgeräumt

MEIN
Zimmer
ist immer
BLITZBLANK
und in
BESTER
Ordnung
!

Nichts eignet sich besser dazu, seine Bücher immer überall auf der Spielwiese dabei haben zu können, als das entzückende Regal »Baa-Baa« in Schäfchenform des britischen Labels Rowen & Wren.

ORDNUNGSHÜTER

»Aus den Augen« muss nicht zwangsläufig »aus dem Sinn« bedeuten! Kinder lernen schnell (zum Beispiel, wie man aufräumt) und vergessen nichts so leicht (zum Beispiel, wo die Dinge verstaut sind). In einem ordentlichen Kinderzimmer behält ein Kind den Überblick und lernt zudem, dass man achtsam mit seinen Sachen umgehen soll.

Die luftige Tapete »Ebba« von Sandberg wird von dazu passenden Stoff-Säckchen komplettiert, die du an Haken direkt an der Wand aufhängen kannst.

Der Aufbewahrungssack aus recyceltem Papier namens »Bear Face« von Tellkiddo ist von Hand bedruckt und sorgt für Spaß und Ordnung. Mit seinen 80 Zentimetern Höhe hat er ein solides Fassungsvolumen.

Pfiffige Idee: Unter das oberste Regalbrett wurde eine Kordel gespannt und daran ein Vorhang als Sichtschutz angebracht. Tapete »Edward« von Sandberg.

Zwischen Stauraum-Box und Wandvorsprung sorgt eine Stange für Kleiderordnung. In den Körben verschwinden Schals & Co. Sitzbank »BB« von Rafa-kids.

Immer gleich zur Stelle: Die handgeflochtenen Körbe mit Deckel von Rowen & Wren werden fairtrade hergestellt und sind dank ihrer Henkel praktische Aufsammler.

Die einzelnen Regalelemente von Vipp bestehen aus zwei miteinander verbundenen Boards, die in individuellem Abstand an der Wand angebracht werden können.

Sicherheits-Check: Die gestapelten Kisten müssen bitte an der Wand ausreichend befestigt werden, damit der Stauraum-Turm nicht umfallen und ein Kind verletzen kann. Kindermöbel von Bloomingville.

ALLES AM PLATZ

In jedem Kinderzimmer gibt es Dinge, die so hübsch anzusehen sind, dass man sie gerne auf Regalen und Schaukästen präsentieren möchte. Alles andere darf hinter geschlossenen Schranktüren, in Schubladen und in anderen verschließbaren Behältern verschwinden. Ganz nach dem Motto: Früh übt sich, wer ein ordentliches Zuhause haben möchte!

Dieses Schrank- und Stauraumsystem von Car Möbel ist beliebig erweiterbar und macht vor allem übereck eine sensationelle Figur. Die miteinander verbundenen Module können zusätzlich als gemütliche Sitzbank genutzt werden.

Wenn du unter diese gut unterteilte Schrank-Kombination Rollen schraubst, wird daraus ein mobiler Ordnungshüter. Tolle Kinderzimmermöbel und Accessoires gibt es beim Onlineshop Car Möbel.

WILLKOMMEN

bei Familie Engels

Venlo

bunt und lebhaft

130 m²

Unser Zuhause muss nicht wie aus dem Ei gepellt aussehen! Wir wohnen sehr kinderfreundlich. Darum gibt es überall Spielecken und -plätze, die auch mal im Chaos versinken …

Die Couch stammt aus einem Ausverkauf eines Möbelhauses und war daher ein Schnäppchen. Bunte Kissen machen die graue Polster-Eminenz zur fröhlichen Entspannungsinsel. Die beiden Tische bieten viel Abstellfläche und sind dabei auch noch hübsch anzusehen.

Als Bart sich 2008 dieses top renovierte Haus aus dem Jahr 1923 kaufte, wusste er noch nicht, dass zwei Jahre später Sacha miteinziehen würde – und etwas später sogar auch noch Puk. »Ich hatte alles im typischen Junggesellen-Look eingerichtet«, erzählt Bart. »Die meisten Wände waren weiß und kahl, bis auf eine Wand im Wohnzimmer, die ich Braun gestrichen hatte, und meine Vintage-Möbel hatten viel Luft zum Atmen.« Kurz: Es stand nicht viel herum und alles wirkte eher nüchtern. Doch mit Sacha kam nicht nur Farbe in Barts Leben, sondern auch in seine vier Wände. »Sacha ist unglaublich! Sie hat ein echtes Talent, wenn es darum geht, mit Farben zu experimentieren – irgendwie findet sie immer den richtigen Ton«, schwärmt Bart. »Ich hätte mir vorher nie vorstellen können, umringt von bunten Pastelltönen zu wohnen, aber kombiniert mit Vintage und extravaganten Hinguckern wirken die soften Farben gar nicht kitschig oder feminin, sondern wohnlich und gemütlich.« Wichtig ist Familie Engels außerdem, dass alles nicht wie aus dem Möbelkatalog bestellt wirkt, sondern seine Eigenheiten hat. »Wohnen muss authentisch sein. Man muss gleich beim Betreten sehen und spüren können, wer in diesem Zuhause lebt«, betont Bart.

Sukkulenten und Vintagemöbel haben längst kein angestaubtes Image mehr – sie sind derzeit angesagter denn je! Gemeinsam bilden sie hier ein wohnliches Stelldichein.

Tipp

ERINNERUNGEN

Sacha und Bart bringen regelmäßig Andenken von ihren vielen Reisen rund um den Globus mit – am liebsten in Form von Bildern, die sie zuhause dann gleich an die Wand hängen. Die Liebe zu alten Landkarten ist ebenfalls etwas, das die beiden gemeinsam haben. Die Kombination aus Karten und Souvenirs lässt schöne Reiseerinnerungen lebendig werden.

Gute Idee

Die Familie hat eine riesige CD- und Vinyl-Sammlung, für die sie sich extra ein Regal anfertigen ließ. Sicherheits-Check: Eine Trittleiter wäre sicherlich besser, als sportlich wie Bart auf einen Stuhl zu steigen ...

Der Raum zwischen Küche und Essbereich wird von Puk als Spielzimmer genutzt. Und wenn ein Stuhl mal im Weg ist, wird die Eisenbahn einfach drumherum gebaut.

Die soften Wandfarben in den Räumen im Erdgeschoss wurden von Sacha aufeinander abgestimmt – sie rangieren zwischen Mintgrün, pastelligem Türkis und Himmelblau.

Vom lichtdurchfluteten Essplatz hat die Familie einen wunderbaren Blick in den Garten. Offene Türen lassen die einzelnen Wohnbereiche fließend ineinander übergehen.

4 5 6
VIER VIJF ZES
10
TIEN
RUSLAND

In der Küche kriegt man viel unter. Wenn Puk seiner Mama beim Kochen helfen oder zusehen möchte, steigt er einfach auf den stabilen Holz-Tritthocker von Ikea.

> **Wir lieben muntere Wandfarben und streichen immer mal wieder ganz neu!**

Die Wohnküche ist groß genug für einen kleinen, feinen Essplatz, an dem die Familie gerne frühstückt. Möglich macht's vor allem die schmale Bank, die extrem platzsparend ist.

Alleskönner im Vintage-Look: Im Essbereich steht ein 1950er-Jahre-Allrounder, der dank seiner vielen Fächer, Türen und Schubladen ein echtes Stauraumwunder ist.

TOLLE KONTRASTE

Tipp

Klar, für eine dunkle Wandfarbe brauchst du etwas Mut … Aber wer wagt, gewinnt! Denn: Wandfarben wie Anthrazit oder Schwarz bringen alles andere in ihrer Nähe zum Strahlen und Leuchten. Doch aufgepasst: Nicht alle Wände dunkel streichen, sonst wirken Räume schnell erdrückend.

Den Lüster aus Acryl kaufte Sacha bei eBay. Der leuchtend rote Schal an der Garderobe bringt zusätzlich etwas Farbe ins Spiel – ein Hingucker, der leicht auszutauschen ist.

Ein dreibeiniges Nierentischchen aus den 1950ern dient als Ablage neben dem Bett. Bilder- und Bettrahmen aus warmem Holz sorgen für Cozyness im Schlafzimmer.

Den alten Bauernschrank vom Flohmarkt lackierte Sacha in einem leuchtenden Farbton, was dem betagten Möbel einen modernen, frischen Look verleiht.

Tricky: An der Wand über der Kommode hängt ein Spiegel, der wie ein Fenster zu einem weiteren Raum wirkt – und so raffiniert als optische Erweiterung dient.

Eine Blumenampel ist schlicht und einfach ein idealer Eckenfüller. Sie ist leicht anzubringen, höhenverstellbar und zaubert unkompliziert eine Heile-Welt-Atmosphäre.

Lustige Mitbewohner zum Verlieben

Puk

Puk ist – bis jetzt – ein Einzelkind und hat daher von seinen Eltern das größte Zimmer im Obergeschoss zugeteilt bekommen, damit er richtig viel Platz zum Spielen und Träumen hat. Wie auch in den anderen Räumen des Hauses hat Sacha hier mit bunter Farbe und Eyecatchern experimientiert.

Wirkt wie eine Tapete, ist aber keine: Die weiße Wand über der Couch bestempelte Sacha mit kleinen schwarzen Dreiecken. Dackel- und Maus-Kleiderbügel stammen von Cocobohème aus Paris.

Bart schliff den original weiß gestrichenen Dielenboden etwas an, um so einen charmanten Used-Look zu erzielen, der fantastisch mit den bunten Farben korrespondiert. Das Bären-Kissen stammt aus der Kollektion der britischen Designerin Donna Wilson.

Puk

Den gemeinschaftlichen Flur vor dem Kinderzimmer kann Puk ebenfalls zum Spielen nutzen. Das rosa Regal dient dabei als Ordnungshüter für Spielsachen und Brettspiele.

Im Postkartenständer bewahrt Sacha alle Karten auf, die sie zu Puks Geburt bekommen hat. Dekorativ sind auch die Kindergarderobe und die Tafel vom Flohmarkt.

Hinter der Tür verbirgt sich eine Abstellkammer, die als Stauraum und Kleiderkammer genutzt wird. Der Garderobenständer ist aus der begehrten »PS Kollektion« von Ikea, das Bett ein Geschenk von Barts Schwester. Die Bettwäsche bestellte Sacha bei Hema, die bunte Decke häkelte sie selbst.

ABC & Einmaleins

Cool !

MEINE

Hausaufgaben

sind in

NULLKOMMANIX

fertig …

Ein sensationelles Mitwachsmöbel ist dieser geräumige Arbeitsplatz, der früher als Wickeltisch diente. Er wurde aus einzelnen Modulen der Ikea-Kollektion »Stuva« individuell zusammengestellt.

ARBEITSPLATZ

Schulkinder machen ihre Hausaufgaben oft unter Aufsicht am heimischen Esstisch. Dennoch lohnt es sich, im Kinderzimmer einen eigenen Schreibtisch zu integrieren, der ihnen den optimalen Ort bietet, sich Aufgaben in Ruhe widmen zu können. Außerdem ist zu bedenken: Je cooler der Platz gestaltet ist, desto höher ist der Spaßfaktor!

Über dem Vintage-Tisch wacht ein gerahmter Superheld von Miniwilla. Das Plaid über dem Butterfly Chair stammt ebenfalls vom schwedischen Newcomer-Label.

Ideenreich: Das Two-in-one Mini-Büro von Lecons de Choses ist dank der Rollen schnell an Ort und Stelle geparkt. Der Wandhaken aus derselben Designschmiede hat die Form eines Fahrradlenkers.

Der Vollholz-Schreibtisch von Nobodinoz verfügt über zwei integrierte Schubladen. Er kann zudem mit passenden Aufbewahrungsmöbeln erweitert werden und ist in vier Farbvarianten erhältlich.

Schreibtisch »K desk« von Rafa-kids zeigt sich von zwei Seiten: Aufgeklappt mit großzügigem Arbeitsbereich und zugeklappt als aufgeräumtes Design-Möbel.

KINDGERECHT

Höhenverstellbare Schreibtische und Stühle sind aus ergonomischer Sicht notwendig, um sich der Größe des Kindes optimal anzupassen. Der Handel bietet hier eine Vielzahl an unterschiedlichsten Modellen an. Von Vorteil ist auch, wenn Schreibtische Fächer haben.

Das individuell planbare Regalsystem »Shelfie« von Flexa bietet für den Schreibtisch das optimale Surrounding – alles ist griffbereit und man behält den Überblick.

Weiche Kissen von Oyoy machen diesen Schreibtisch zum komfortablen Arbeitsplatz. Gute Idee: Am Memo-Board aus Kork kann man Notizen und Deko befestigen.

Das Modell »B bench« von Rafa-kids ist ein Allroundtalent. Kombiniert mit einem Sitzkissen wird es zum Mini-Schreibtisch, kann aber auch als Sitzbank benutzt werden.

Der originelle Schreibtisch »Playhouse desk« von Kutikai mit dazugehörigem Hocker ist aus Birkenholz gefertigt. Die schräge Arbeitsplatte sorgt für eine aufrechte Sitzhaltung.

Witziges Detail des handlichen Hockers aus der »Roof Collection« von Kutikai: Im breiten Griffschlitz kann ein Stiftehalter aus robustem Leinen eingehängt werden.

WILLKOMMEN

bei Familie Lusthof

Weiße Möbel und Kinder – geht das überhaupt? Klar! Jip und Julot haben von kleinauf gelernt, mit Dingen achtsam umzugehen. Und schließlich gibt es für Bezüge eine Waschmaschine ...

Über der weich gepolsterten Sitzlandschaft von Fashion For Home hat Dorien einen Wandsticker angebracht, auf dem sie mit Masking-Tape je nach Lust und Laune Bilder befestigt. Die witzigen Beisteller mit Griff stammen von Hay.

Vor 15 Jahren sah es hier noch ganz anders aus«, erinnert sich Dorien. »Jedes Zimmer war mit Möbeln, Flohmarktfunden und Kirmskrams vollgestopft – Altlasten, die Klaas und ich schon unser halbes Leben lang mit uns herumgeschleppten.« Dass sich heute eine cleane Wohnbühne präsentiert, ist den beiden Kindern zu verdanken. »Oft ist es ja bei anderen Familien genau umgekehrt: Wenn die Kinder kommen, wird das Zuhause noch voller«, lacht Dorien. »Aber ich hatte so eine Angst davor, im totalen Chaos zu versinken, dass ich, als ich das erste Mal schwanger war, alles rausgeworfen habe, was keine Daseinsberechtigung hat.« Übrig blieben die wichtigsten Möbel und einige Gegenstände, an denen Dorien und Klaas sehr hängen. »Es hat so gut getan, das Interieur komplett zu entschlacken«, verrät Dorien. »Meiner Meinung nach der einzige Weg, um den Überblick zu behalten und Luft zum Atmen und zum Wohnen zu haben.«

Das schwebende Sideboard wurde von einem Tischler geplant und exakt in die Nische eingepasst. Weiße Lackfronten lassen das Möbel besonders edel wirken. Illustrationen von Geertje Aalders.

Das Schaffell und das grafisch gemusterte Kissen von ferm Living machen den » Hee Lounge Chair« von Hay äußerst behaglich.

Gute Idee

Wenn deine Kartensammlung nicht einfach in einer Schachtel oder Schublade verschwinden soll, kannst du die schönsten Exemplare in einem Postkartenhalter dekorativ zur Schau stellen.

Dorien betreibt den Onlineshop Lief, Leuk & Eigen, in dem sie schöne Papeterie anbietet. Den kleinen Arbeitsplatz nutzt sie, um zu brainstormen und kreativ zu sein. Holzstuhl von De Bijenkorf, Metallhocker von Tolix.

> Weiß steht im Gegensatz zum hektischen Alltag: Es sorgt für Ruhe und Gelassenheit!

Der große Feuerplatz ist ein heimeliger Ort. Der Ofen versorgt den offenen Wohnraum an kalten Tagen mit wohliger Wärme.

In diesem sympathischen Schaukelstuhl von Loods 5 saßen Dorien oder Klaas oft mit ihren Kindern auf dem Schoß und lasen etwas vor. Heute nutzt jeder der vier unabhängig voneinander diesen Ort, um in Ruhe zu schmökern.

Tipp

GUT BELEUCHTET

Dorien und Klaas entschieden sich für eine Deckenleuchte mit Schwenkarm über dem langen Tisch, weil die Lichtquelle stets dorthin bewegt werden kann, wo sie verstärkt gebraucht wird. Die Leuchte »Tolomeo Sospensione Decentrata« von Artemide gibt es beispielsweise über Ambiente Direct.

Flache Kissen machen die ohnehin bequemen Eames Plastic Armchairs noch komfortabler. Vom Esstisch hat die Familie einen tollen Blick in den großen Garten.

Die Einbauküche wurde von Fred Constant geplant und gefertigt. Der Hell-Dunkel-Kontrast erzeugt einen visuellen Spannungsbogen. Schneidebrett von house doctor.

Am großen Esstisch aus Buchenholz von Piet Hein Eek kommen alle gerne zusammen. Hier wird gefrühstückt, gegessen, Hausaufgaben erledigt und im Internet gesurft. Die hohen Fenster lassen viel Tageslicht herein – kein Wunder also, dass der helle Platz so einladend ist.

Gute Idee

Die dunkle Wandfarbe an der Stirnseite des Dachgeschosses lässt den Raum breiter und höher erscheinen. Diese Wirkung wird durch die weiß gestrichene Decke noch intensiviert.

Der Elternbereich unterm Dach hat eine loftige Atmosphäre. Der fugenlose, schneeweiße Laminat-Fußboden vergrößert den Raum optisch um ein Vielfaches.

Spiegel und Truhe brachte Dorien mit in die Ehe. Die Stücke erinnern sie an ihr eigenes Jugendzimmer. Die Schräge wird durch einen passgenauen Schrank optimal genutzt.

Ein ultraweiches Woll-Plaid von Sissy-Boy Homeland holt Behaglichkeit in den Raum. Die »Tolomeo«-Tischleuchten von Artemide erzeugen ein angenehmes Leselicht.

Strahlendes Weiß mit etwas Pastell

Jip

Die beiden Mädchenzimmer im Obergeschoss liegen direkt nebeneinander. So können die angehenden Teenager entweder ganz für sich sein oder die Köpfe zusammenstecken. Style-Code der Räume? Softe Töne, viel Weiß und wenig Chichi.

Möbel fürs Leben: Den abgebeizten Bauernschrank darf Jip einmal mitnehmen, wenn sie auszieht. Die alte Kuckucksuhr hat Dorien rosa lackiert, damit sie besser zum pastelligen Wohlfühlambiente passt.

Dorien malt gerne Holzbuchstaben an. In Jips Zimmer sind sie in sonnigem Gelb gestrichen. Die LED-Tischleuchte »Jansjö« ist von Ikea.

Das dunkelblaue Rollo von Jalousiescout dunkelt den Raum bei Bedarf ab. Die Arbeitsplatte wurde vom Tischler gefertigt. Der weiße »Panton Chair« stammt von Vitra.

Julot

Kuschelige Schlafkoje: Julots Bett wurde vom Tischler exakt eingebaut – tiefe Schubfächer sorgen für mehr Stauraum. Die Holzbalken erzählen von der Historie des über einhundert Jahre alten Hauses.

Julots Schreibtisch ist dank des großen Fensters ein heller, freundlicher Ort. Die Heizung darunter sorgt für angenehme Wärme im Fußraum.

Die Welt ist kunterbunt

An
die eigenen
VIER WÄNDE
lasse ich nur
KREIDE,
Farbe
UND
Kleister

Hier sieht man vor lauter Bäumen erst recht den Wald: Tapeten-Motive in beruhigenden Farbtönen von Inke machen die Wand im Kinderzimmer zum Natur-Erlebnis.

Wenn plötzlich eine Palme im Kinderzimmer wächst und lustige Äffchen daran herumklettern, ist garantiert der Wallsticker »Into the jungle« von Mimi' lou daran schuld.

Das XXL-Vlies-Tapetenwandbild mit Weltkarten-Motiv wird durch die Tiere aller Kontinente passend ergänzt. Alles vom niederländischen Kreativ-Label Inke.

Muntere Stadtplanung: Ein buntes Häusermeer ziert diese plakative Tapete von Inke. Die Regelmäßigkeit des Musters sowie softe Farbtöne sorgen optisch für Ruhe.

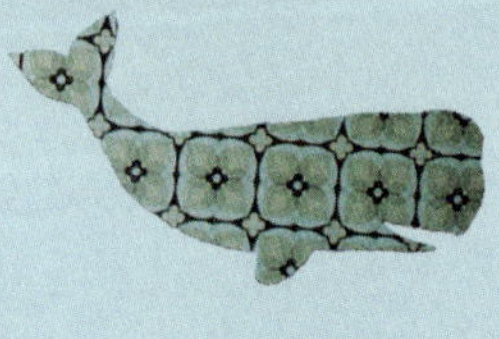

KLEBT FANTASTISCH

Bloß keine Scheu vor Tapeten, Wand-Stickern & Co.: So schnell wie sie angebracht sind, so easy sind sie auch wieder entfernt oder ausgetauscht. Hol' dir also einen spektakulären Hingucker fürs Kinderzimmer und lass deiner Fantasie freien Lauf!

Dank der Sticker-Kollektion »In the Woodland« von Chocovenyl sagen sich ab sofort Fuchs und Hase im Kinderzimmer »Gute Nacht«. Die Stühle sind Flohmarktfunde.

Manege frei für den Magier, der aus seinem Hut einen Hasen zaubert! Beide können als Illustrationen von Famille Summerbelle an die Wand gehängt werden.

Der zart gemusterte Blauwal von Inke schwimmt majestätisch die Wand entlang und wird dabei von kleineren Meeresfischen begleitet.

Dieser pfiffige Wandaufkleber von ferm Living interpretiert die Bremer Stadtmusikanten neu. Von der Elefanten-Zehenspitze bis zum Spatz sind es stolze 150 Zentimeter.

FRISCH GESTRICHEN

Wenn du die Wände im Kinderzimmer streichen möchtest, achte bitte immer darauf, dass es sich dabei um Farbe handelt, die keine Schadstoffe an die Raumluft abgibt. Nur wenn die Wände natürlich atmen können, ist ein gesundes Innenraumklima garantiert.

Halb, halb: Wenn du dich nicht entscheiden kannst, ob du es eher ruhig oder doch etwas lebendiger an der Wand haben möchtest, dann ist die Tapete »Half Moon« von ferm Living genau das Richtige!

Bevor du deine Wand mit Tafelfarbe streichst, solltest du folgende Dinge prüfen: Der Untergrund muss glatt (kein Rauputz!) und frei von Staub-, Schmutz- oder Fettpartikeln sein. Einer anschließenden Kreidebemalung steht dann nichts mehr im Weg.

Unterschiedlich gerahmte Zeichnungen wurden hier mit lustigen Wandhaken von Bloomingville und selbst gebastelten Papierwölkchen zum fröhlichen Wandschmuck arrangiert.

»Ich mach mir die Welt, widewide wie sie mir gefällt«, singt Pippi Langstrumpf und könnte damit auch diese Häuserzeile von Inke gemeint haben, die jedes Mädchenherz höher schlagen lässt.

Ganz schön auf Zack war der Gestalter dieser coolen Wand. Und so geht's: Mit Abklebeband eine Zickzacklinie bilden und den unteren Teil in Grau streichen.

Durch diese Girlande wird sofort offensichtlich, dass hier ein kleiner Wildfang wohnt. Papierbuchstaben zum Aufhängen gibt es beim Onlineshop Papier Projekt.

WILLKOMMEN

bei Familie Foezon

Saint Brieuc

originell und kreativ

$180\ m^2$

Wir finden es extrem cool, in einem Fabrik-Loft zu wohnen! Wir wollten auf gar keinen Fall ein 08/15-Zuhause, das man in irgendeine Schublade stecken kann ...

Der 90 Quadratemeter große Allroom im Erdgeschoss umfasst Wohn-, Ess- und Kochbereich sowie eine eigene Spielecke. So können alle zusammen sein, ohne sich dabei in die Quere zu kommen. Die großen Schwarzweiß-Bilder zeigen die Kinder Hippolyte, Cerise und Arthur. Teppich von Maisons du Monde.

Wir hatten eine genaue Vorstellung davon, wie unser Zuhause sein sollte« verrät Morgane. »Wir wollten weder eine konventionelle Wohnung noch ein standardisiertes Haus.« Darum heuerten sie einen Makler an, der von ihnen den Auftrag erhielt, ein Fabrik-Loft zu suchen. »Unser Herz machte einen Freudensprung, als wir die ehemalige Druckerei das erste Mal besichtigten«, gesteht Morgane. »Das war genau das, wovon wir geträumt hatten!« Im Großen und Ganzen wurde der Haupttrakt so belassen, wie er sich der Familie zu Beginn präsentierte: als weitläufige Industriehalle mit großen Dachfenstern, durch die viel helles Tageslicht einfällt. »Wir haben einzig den Boden der Halle mit Holzdielen auslegen lassen und den Küchenbereich auf ein niedriges Podest gesetzt, um ihn optisch vom Wohnbereich etwas abzugrenzen«, erzählt Morgane. »Außerdem sind Schlaf-, Kinderzimmer und Bad im ehemaligen Bürotrakt untergebracht, um hier die nötige Privatsphäre zu gewährleisten.« Der Einrichtungsstil ist ein unkonventioneller Mix aus zeitgemäßen Möbeln und Design-Klassikern, die der Wohnbühne eine äußerst individuelle Note verleihen.

" Unser Loft lässt uns extrem viel Bewegungsfreiheit – das finden Jung & Alt genial!

Die Stahlkonstruktion ist ein Relikt aus der Zeit, als in der Fabrik noch die Druckermaschinen liefen und die Mitarbeiter von hier oben alles bestens überblicken konnten.

Genial: Vincent befestigte an der Balustrade Ringe zum Turnen. Sie können je nach Lust und Laune auch gegen eine Schaukel oder ein Trapez getauscht werden.

Überall an den Wänden hängen Familienfotos und -collagen. Der lange Holztisch von Fly bietet der fünfköpfigen Familie ausreichend Platz. Die graue Sitzlandschaft im Vordergrund dient als Ruheinsel.

Gute Idee

Wenn du dich nicht für eine fixe Beleuchtung entscheiden, sondern etwas flexibler bleiben möchtest, kannst du ganz leger eine lange Party-Lichterkette im angesagten Glühbirnen-Look im Raum aufhängen.

Gelungener Farb-Mix: Morgane strich diesen Flohmarktstuhl zuerst weiß und tauchte anschließend seine Beine in Rauchblau. Runde Spiegel von house doctor.

Monochromer Nordic-Look: Die Küche setzt sich farblich durch die dunklen Fliesen vom übrigen Wohnbereich ab, in dem helle Holzdielen verlegt wurden.

Morgane pimpte ein einfaches Marmeladenglas mit einer naturbelassenen Holzkugelkette von DaWanda auf – so avancieren simple Kochutensilien zum Hingucker.

Cerise und Hippolyte genießen die wohlige Wärme des Ofens. Der Teppichbelag macht den Boden zur gemütlichen Liegewiese. Durch die Glasbausteine fällt Tageslicht ins dahinter liegende Elternschlafzimmer. Kaminofen von Oranier.

Die Design-Leuchte » Egg of Colombus« von Seletti definiert diese Schlafzimmerecke. Den geerbten Armlehnstuhl bezog Morgane selbst mit einem Blümchen-Stoff.

Morgane klebte schöne Urlaubs-Polaroids von den Kindern mit Neon-Masking-Tape an die Wand. Abends werden sie von der Papierleuchte (entworfen von Rachel Lucas, einer Freundin) stimmungsvoll illuminiert.

Tipp

DIY-LEUCHTE

So einfach kannst du eine coole Leuchte selbst entwerfen: Schraube einen langen Holzwinkel an die Wand und befestige daran ein Lampenkabel mit Schalter. Anschließend kombinierst du das Ganze mit einem Lampenschirm, der dir gefällt. Tolle Stoffkabel gibt es bei KabelScheune.

Morgane liebt weiße Bettwäsche, weil sie »so herrlich neutral« ist. Mit witzigen Kissen von Bloomingville und einem Wollplaid von H&M ist das puristische Szenario ruckzuck aufgepeppt und wirkt so behaglich.

Für Kleine und für Große

Hippolyte

Dem Kinder-Trakt im Erdgeschoss ist ein gemeinschaftlicher Aufenthaltsbereich vorgelagert, der den Kindern zum Spielen und Relaxen dient. Zusätzlich hat jedes der drei Kids sein eigenes kleines Reich.

Cerise fühlt sich im aufklappbaren Zelt von ferm Living pudelwohl. Brüderchen Hippolyte puzzelt gerne am runden Tischchen. Die Rattanmöbel erstand Morgane auf einem Wochenmarkt in der Bretagne.

Ein schmaler Gang verbindet die beiden Kinderzimmer miteinander. Von dort gelangt man auch zum Elternschlafzimmer und ins Bad. Das phosphorisierende Mondkissen »Lune« verkauft Morgane in ihrem eigenen Onlineshop le petit m.

Eine gelbe, halbhohe Wand trennt die Bereiche von Hippolyte und Cerise. Arthur hat ein eigenes Zimmer nebenan. Bunte Garderobe »Hang it All« von Vitra. XXL-Fliegenpilz-Leuchte von Heico.

Cerise

Hippolyte hört seiner Schwester gerne beim Gitarrespielen zu. Der Lichtschacht lässt helles Tageslicht einfluten und macht das Zimmer so zu einem hellen, freundlichen Ort.

Die helle Bretterwand macht den Raum urgemütlich, bunte Farbtupfer sorgen für Lebendigkeit. Pompoms zum Aufhängen gibt es bei PomPom your life. Der Teppich ist von Maisons du Monde.

In den adretten Spielzeugkoffern von Mimi' lou bewahrt Cerise die Puppenkleider auf. Stern-Kissen »night star« von le petit m.

Arthur

Das Regalbrett in Form eines Skateboards ist vom französischen Label Lecons de Choses. Die birnenförmige Hängeleuchte »Wooden Bulb« stammt von suck UK.

Arthur kann von seinem Schreibtisch aus den Wohnraum überblicken. Das Fenster wurde eingebaut, weil Arthurs Zimmer ein innen liegender Raum ist.

Tricky: Morgane strich die Wand nur bis auf halbe Höhe in einem hellblauen Farbton – so wirkt der Raum höher. Das weiße Ikea-Bettgestell wirkt davor luftig und leicht.

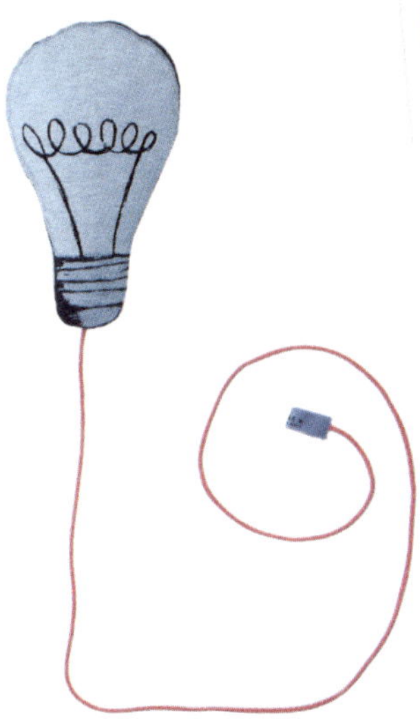

Keep out!

Cool!

Lass uns

in meiner STYLISHEN

Chillout-Area

lässig

ABHÄNGEN ...

Grau und Jeansblau vertragen sich prächtig, wenn es darum geht, eine coole Atmosphäre im Jugendzimmer zu schaffen. Das Bett ist von Rafa-kids, die Lego-Aufbewahrungsboxen gibt es in vielen Farben von Room Copenhagen.

STYLE FOR TEENS

Von ihrer Kinderzeit möchten sich Teenager klar abgrenzen ... sie sind ja nun schon groß! Darum ist es wichtig, ihnen die Möglichkeit zu geben, ihr eigenes Reich selbst zu gestalten und ihnen gleichzeitig Rückzugsmöglichkeiten anzubieten. Und genau wie der Klamotten-Stil, darf auch der Wohnstil hipp & trendy sein.

Vinyl ist total angesagt und macht sich vor allem in diesem filigranen Ständer gut, auf dem ein Plattenspieler für den richtigen Sound sorgt. Beides von Urban Outfitters.

Teenager brauchen definitiv ihr eigenes Reich – da ist eventuell ein Dachsausbau eine Überlegung wert! Eine Dachschräge eignet sich übrigens bestens dazu, eine Schlafkoje auf Maß anfertigen zu lassen.

Neues Make-Up: Du kannst ein schlichtes Ikea-Bett aufpimpen, indem du es mit einer passenden Husse von Bemz beziehst und die Holzfüße in Neon streichst.

Die Jugendmöbel von Rafa-kids werden aus langlebigem, finnischem Birkenholz gefertigt. Holzboxen für die Wand gibt es bei edumero.

Platzsparend und dabei ein kleines Stauraumwunder ist das hängende Schreibtischmodul von Car Möbel. Der Stuhl mit geflochtenem Rattansitz ist von Hübsch Interior.

Unterschiedlich geformte, bunte Boxen machen das weiße Regal zum Hingucker und sorgen für Ordnung. Die Sitzsackbezüge samt zugehöriger Füllung sind von Bemz.

RÜCKZUGSPLÄTZE

Jugendliche erklären ihr Zimmer oft zur »Erwachsenenfreien Zone« und ziehen sich gerne mit Freunden zum Quatschen und Musikhören zurück. Da sind bequeme Lounge-Areas optimal. Aber natürlich darf ein ordentlicher Schreib- und Lernplatz nicht fehlen.

Scandi-Style: Die smarten Modul-Boxen von Muuto sind individuell stapelbar und können entweder direkt miteinander verbunden oder an die Wand geschraubt werden.

Dieser Schreibtisch ist schnell selbst gebaut: Zwei höhenverstellbare Holzböcke aufstellen und eine weiß laminierte Tischlerplatte darauf befestigen. Hübsche Home-Office-Utensilien gibt es von Oyoy.

Das massive Holzbett »horizon« von Nobodinoz kann mit einerm ausziehbaren Lattenrost samt Matratze erweitert werden, damit die beste Freundin übernachten kann.

Die riesige Industrie-Leuchte von 360volt ist ein echter Hingucker. Tisch und Hocker von Rafa-kids.

Teenager mögen es, wenn man ihnen freie Hand bei der Gestaltung ihres Zimmers lässt. Und was dabei Tolles herauskommt, siehst du hier: Anstelle einer Tapete schmücken unzählige Poster die Wand.

BEZUGSQUELLEN & LIEBLINGSSHOPS

Betten

bonnesoeurs.com
fabelab.myshopify.com
flexaworld.de
isleofdogs.de
kutikai.pl
leander.com
oeufnyc.com
oliverfurniture.com
rafa-kids.com
rieger-kindermoebel.de
sebra.dk
woodland.de

Licht & Leuchten

360volt.com
artemide.de
cachette.com
casalumi.de
elobra.de
goodmoods.de
heico-coburg.de
kabelscheune.de
kinderlampe.de
littledutch.nl
seletti.it
studiosnowpuppe.nl
superliving.dk
taj-woodscherer.com
waterquest.dk

Teppiche & Boden

artforkids.fr
beijaflorworld.com
benuta.de
liv-interior.com
lorenacanals.com
onloom.de
pappelina.com
sewheartfelt.co.uk

Möbel

ambientedirect.com
car-moebel.de
fashionforhome.de
fly.fr
hay.dk
kidsmill.de
kinderraeume.com
landofnod.com
leconsdechoses.com
lieblingskind.de
loods5.nl
mimm-kindermoebel.de
monpetit-kinderzimmer.de
muuto.com
nobodinoz.com
perludi.com
pietheineek.nl
tellkiddo.com
vtwonen.nl

Wohnaccessoires

aprileleven.fr
bemz.com
bloomingville.com
britasweden.se
cathkidston.com
cocoboheme.fr
donebydeer.com
fermliving.com
hkliving.nl
hubsch-interior.com
lepetitm.com
mimilou-shop.fr
pompomyourlife.de
ricebyrice.com
roomcopenhagen.com
rowenandwren.co.uk
theyoungsters.se
suck.uk.com
vipp.com

Tapeten & Wandsticker

annawand.de
dinki-balloon.de
eijffinger.com
estahome.nl
farrow-ball.com
inke.nl
kekliving.com
lilipinso.com
littlecabari.com
marimekko.com
mrperswall.com
omy-maison.com
photowall.de
pietheineek.nl
sandbergab.se
sissyandmarley.com

Bilder & Poster

annywho.de
finelittleday.com
juniqe.de
kajsawallin.se
life-is-delicious.de
michellecarlslund.com
miniwilla.se
wiho.se

Spielzeug

anneclairepetit.nl
djeco.com
donnawilson.com
fridastierchen.com
jellycat.com
kiko-kids.com
luckyboysunday.dk
maileg.eu
noodoll.com
ommdesign.se
playandgo.eu
pompapillon.de
psikhouvanjou.nl
selecta-spielzeug.de
sonnyangel-france.com

Online-Shops allgemein

alittlelovelycompany.nl
babyplanet.nl
babyssimo.de
car-kinder.de
das-tropenhaus.de
dawanda.com
edumero.de
emilundpaulakids.de
engelundbengel.com
hitbringsel.de
hm.com
humanempireshop.com
jalousiescout.de
kidswoodlove.de
kindermoebelparadies.de
kleineskarussell.de
liefleukeneigen.nl
limango.de
littlehipstar.com
lolakids.de
maerchenwelt-kinderzimmer.de
maisonsdumonde.com
minamo.de
minimaeuse.de
my-fantasyroom.de
mylittleroom.ch
nostalgieimkinderzimmer.de
nordliebe.com
pinkmilk.de
smallable.com
sissy-boy.com
tausendkind.de
vertbaudet.de

BILDNACHWEIS

Hometours

S. 8–21 (Familie Spijker), *Fotos: Margriet Hoekstra / House of Pictures*
Freisteller: *S. 16 Spieluhr »Wohnwagen«: aprileleven.fr; S. 17 Zieh-Schildkröte: bloomingville.com; S. 19 Tierköpfe: fionawalkerengland.com, Hasen-Leuchte: miniwilla.se, Wal-Schmusekissen: hitbringsel.de*

S. 28–41 (Familie Lenstra),
Styling & Fotos: Holly Marder
Freisteller: *S. 36 Bär-Kissen: fermliving.com, Bollerwagen: selecta-spielzeug.de; S. 38 Strick-Pinguin: anneclairepetit.nl, Igel-Nachziehspielzeug: bloomingville.com; S. 41 Strick-Elefant: anneclairepetit.nl, Spiel-Würfel: mimilou-shop.fr*

S. 48–59 (Familie Adriaansen), *Fotos: Margriet Hoekstra / House of Pictures*
Freisteller: *S. 58 Schnecke: bloomingville.com; S. 59 Lampion: ricebyrice.com*

S. 66–79 (Familie Carlsson),
Styling: Helen Sturesson / Fotos: Bodil Johansson
Freisteller: *S. 74 Rakete: bloomingvolle.com; S. 76 Matrjoscha-Puppen: ommdesign.se, Stoffkorb: theyoungsters.se; S. 77 Strick-Affe: donnawilson.com; S. 78 Kissen mit Elefanten-Print: madura.fr, Katzen-Kuscheltiere: severinakids.com*

S. 86–99 (Familie Ottosson),
Styling & Fotos: Jenny Brandt
Freisteller: *S. 96 Eistüte: annabelkern.bigcartel.com, Steckenpferd: fermliving.com, Fuchs: bloomingville.com; S. 99 Roboter-Kissen: fermliving.com, Strick-Dinosaurier: jellycat.com*

S. 106–119 (Familie Engels), *Styling: Wilma Custers / Fotos: Ivar Janssen / Features & More*
Freisteller: *S. 116 Maus-Kleiderbügel: cocoboheme.fr, Puzzle-Koffer »Weltkarte«: janod.com; S. 118 Strick-Haus und -Hase: luckyboysunday.dk*

S. 126–139 (Familie Lusthof), *Fotos: Margriet Hoekstra / House of Pictures*
Freisteller: *S. 136 Mobile: maisonsdumonde.com, Wanduhr von J.I.P. über schöövi.de; S. 139 Strick-Schlange: oeufnyc.com, Nachtlicht-Stern: alittlelovelycompany.nl*

S. 146–157 (Familie Foezon), *Fotos: Anne-Catherine Scoffoni*
Freisteller: *S. 154 Aufstellzelt: fermliving.com; S. 155 Tigerkissen: bonjourmoncoussin.com; S. 156 Stoff-Gitarre: fermliving.com, Turnbeutel: miniwilla.se; S. 157 Glühbirne-Kissen: lepetitm.com*

Inspiration

Willkommen
S. 23 intzarchitecture.ru, S. 24 sissyandmarley.com, fabelab.myshopify.com; S. 25 kutikai.pl, britasweden.se, Emily Laye / Fantastic Frank (fantasticfrank.se); S. 26 flexaworld.de, bloomingville.com, photowall.de; S. 27 beijaflorworld.com

Komm wir kuscheln
S. 43 mimilou-shop.fr; S. 44 sandbergwallpaper.com, bemz.com, fermliving.com; S. 45 bemz.com, fermliving.com; S. 46 bloomingville.com; S. 47 nobodinoz.com, miniwilla.se, fabelab.myshopify.com

Süße Träume
S. 61 rafa-kids.com; S. 62 bonnesoeurs.com, bloomingville.com; S. 63 bloomingville.com, theyoungsters.se; S. 64 kutikai.pl, fabelab.myshopify.com; S. 65 sissyandmarley.com, flexaworld.de

Lass uns spielen
S. 81 bloomingville.com; S. 82 ricebyrice.com, inke.nl, flexaworld.de; S. 83 beijaflorworld.com, theyoungsters.se; S. 84 kutikai.pl, fermliving.com, fabelab.myshopify.com; S. 85 bloomingville.com, kutikai.pl

Tipptopp aufgeräumt
S. 101 rowenandwren.co.uk; S. 102 rafa-kids.com; S. 103 sandbergwallpaper.com, tellkiddo.com; S. 104 rowenandwren.co.uk, bloomingville.com, vipp.com; S. 105 car-moebel.de

ABC & Einmaleins
S. 121 livethemma.ikea.se / ikea.com; S. 122 miniwilla.se, econsdechoses.com, nobodinoz.com; S. 123 rafa-kids.com; S. 124 flexaworld.de, oyoy.dk, rafa-kids.com; S. 125 kutikai.pl

Die Welt ist kunterbunt
S. 141 inke.nl; S. 142 inke.nl, mimilou-shop.fr; S. 143 inke.nl, chocovenyl.co.uk, famillesummerbelle.com, fermliving.com; S. 144 fermliving.com, kutikai.pl; S. 145 bloomingville.com, bemz.com, inke.nl

Keep out!
S. 159 rafa-kids.com; S. 160 urbanoutfitters.com, rafa-kids.com, vipp.com; S. 161 bemz.com, car-moebel.de; S. 162 oyoy.dk, muuto.com; S. 163 rafa-kids.com, nobodinoz.com, livethemma.ikea.se / ikea.com

Vorwort, Einleitung, Anhang

S. 2 oyoy.dk; S. 7 (Koffer) maisonsdumonde.com; S. 164 bloomingville.com, bemz.com; S. 165 kutikai.pl, bloomingville.com, fermliving.com; S. 166 miniwilla.se, oyoy.dk

DIE AUTORIN

Marion Hellweg lebt mit Tochter Florentine und ihrem Mann Thomas in München. Die gelernte Restauratorin und Interiordesignerin war viele Jahre Chefredakteurin der Zeitschriften *House & Gardening* und *Wohnträume*. Mittlerweile hat sie sich mit ihrer eigenen Kreativwerkstatt als Stylistin und Inneneinrichterin selbständig gemacht und als erfolgreiche Buchautorin in den Bereichen Wohnen, Architektur und Lifestyle etabliert. Zudem ist sie Herausgeberin und Chefredakteurin der nordischen Wohnzeitschriften *sweet living magazin* und *my Homestyle*.

DANK

Ein großes Dankeschön geht an all diejenigen in diesem Buch, die mich in ihr Zuhause und damit auch in ihr Familienleben hineinschauen ließen.

Liebe Florentine, Du warst während des gesamten Buchprojekts das bravste Kind auf Erden – Du, mein Ein und Alles! Darüber hinaus möchte ich Thommy und meiner Familie für ihre Liebe und Unterstützung danken. Außerdem geht ein herzliches »Merci!« an das gesamte Team von DVA für die wunderbare Zusammenarbeit. Juliane Weinig danke ich für ihr Vertrauen und Engagement sowie Susanne Hermann für ihr sensationelles Layout – besser kann eine kreative Zusammenarbeit nicht aussehen!

Impressum

FSC www.fsc.org
MIX
Papier aus verantwortungsvollen Quellen
FSC® C011124

Verlagsgruppe Random House
FSC® N001967

1. Auflage

Deutsche Verlags-Anstalt, München,
in der Verlagsgruppe Random House GmbH
Neumarkter Straße 28
81673 München

Idee, Konzept und Text: Marion Hellweg,
marionhellweg.com
Grafisches Gestaltung und Layout:
Susanne Hermann/DVA
Einbandgestaltung: Sofarobotnik,
Augsburg und München
Foto Vorderseite: © Styling & Fotos: Jenny Brandt
Fotos Rückseite: © Margriet Hoekstra /
House of Pictures (links oben und unten);
© Styling: Helen Sturesson / Foto: Bodil Johansson
(rechts unten)
Familienporträt S. 3: Markus Vaas
Autorenfoto S. 168: Sylwia Gervais
Lithografie: Reproline Mediateam, München
Druck und Bindung: Mohnmedia Mohndruck
GmbH, Gütersloh
Dieses Buch wurde auf dem FSC®-zertifizierten
Papier Tauro gedruckt.

Printed in Germany
ISBN 978-3-421-04044-2
www.dva.de